Metamorphose

Mein Dank gilt all jenen Menschen, die mich auf meinen bisherigen Lebenswegen begleitet haben. Jeder von ihnen hat mich auf seine Weise geprägt und inspiriert.

Paul Hammer

Metamorphose

Gedichte

Bibliografische Information der Deutschen Nationalbibliothek:
Die Deutsche Nationalbibliothek verzeichnet diese Publikation in der
Deutschen Nationalbibliografie; detaillierte bibliografische Daten sind im
Internet über dnb.dnb.de abrufbar.

© 2023 Paul Hammer
Grafik: CeltStudio/ Shutterstock.com
Satz, Umschlaggestaltung, Herstellung und Verlag:
BoD – Books on Demand, Norderstedt
ISBN 978-3-7578-8845-9

Zeit

Die Zeit?
Die findest du nicht auf deiner Uhr
Du
spürst sie bei einem Kuss
schmeckst sie bei einem guten Essen
fühlst sie in einer innigen Begegnung
hörst sie im Lachen
siehst sie im Strahlen der Augen
oder
riechst sie im Sommerregen

Die Zeit?
Die findest du nicht auf deiner Uhr
Du besitzt sie nicht
Sie ist dir einfach nur geschenkt
ist ein Band
das alles umschließt
und
niemals endet

Nur für dich
endet sie
Die Zeit
Irgendwann

21 Gramm

Was soll deine Seele wiegen?
21 Gramm?
Das kann nicht sein!
Mit deinem Tod zerbrach die Welt
und verschwand
So viel muss sie also mindestens wiegen
Wie die Welt
die mit dir verschwand
Nicht nur 21 Gramm
Das kann nicht sein!

Auf eine Zigarette mit Gott

Ein schöner Sommerabend
21:30 und immer noch hell
Die Hitze des Tages
fällt langsam von mir ab
zurück bleibt eine entspannte Trägheit
in meinen müden Gliedern
Ich gehe nach hinten in den Garten
und setze mich auf den alten Stuhl
in der kleinen Nische
Hinter mir
die dicht gewachsene Hainbuchenhecke
Neben mir
ein großer Kirschlorbeer
und hohes sattes Bambusgras
Hier sitze ich geschützt
und habe meine Ruhe
zünde eine meiner seltenen Zigaretten an
nehme einen tiefen Zug
schließe dabei meine Augen
und inhaliere den Rauch
um ihn dann langsam
zwischen meinen leicht geöffneten Lippen
in einem stetigen Strom grauweißer Wolken
entweichen zu lassen

Kräuselnder Rauch
der an mir vorbei zieht
wechselt sich
mit dem feuerroten Erglimmen des Tabaks ab
Es ist still hier
nur das Zirpen der Grillen ist zu hören
Wir haben uns heute nicht viel zu sagen
Gott und ich
So nehme ich einen letzten Zug
drücke die Zigarette aus
und gehe wieder allein zurück
auf die Terrasse

Genesis

Wusstest du
dass sich in jeder deiner Tränen
eine ganze Welt befindet?
In ihr gelöst
nur darauf wartend
auf fruchtbaren Boden zu fallen
und dort zu gedeihen
Lass deshalb deinen Tränen
freien Lauf
und Neues wird entstehen

Wohin gehen all die Toten?

Wohin gehen all die Toten?
All die Toten
die ich in meinem Herzen bewahre
jeden Tag in mir trage
und
sie mit ihrem Tod am Leben halte

Wohin gehen all die Toten
wenn
ich
ein letztes Mal
die Augen schließe?

Totes Leben

Phantasien
erblüht in Eiskristallen
festgehalten in starren Strukturen
eingefroren
nicht gelebt
Mit dem Licht der Sonne
aufgetaut
aufgelöst
nie gelebt

Kleine Geste, große Wirkung

Warmes Lächeln
trifft auf kaltes Herz
zersplittert dort
wie ein Sonnenstrahl
auf blauem Eis
Nicht ohne
vorher
gänzlich unbemerkt
einen winzigen
Riss
hineinzuschmelzen

Heiße Combo

Die Luft erhitzt
Die Gemüter berauscht

Aus der Trompete
sprühen grellbunt und leuchtend
spiralförmig die Töne
Ein fis
springt einer üppigen Blondine
keck ins spitzenbesetzte Dekolleté
und brennt gänzlich unbemerkt
ein kleines schwarzes Loch
ins unschuldige Weiß

Der Rhythmus der Trommeln
frisst sich quer
übers Parkett bis zur Bar und zurück
und hinterlässt dabei
eine Spur der dionysischen Verwüstung

Der Mann am Bass
rollt toll rasend mit den Augen
und schlägt seine Saiten wie ein Derwisch an
reißt und zupft wild an ihnen
als ob's kein Morgen gebe
und lässt die Leiber so zucken und vibrieren
Da wächst ganz still in diesem Lärm
die Geilheit und die Lust

Das wilde Fingerspiel an den Tasten
besorgt schließlich den Rest:
Akkorde, Melodien und Harmonien
vermischen sich gänzlich ungeniert
mit all dem Bier und Wein
Und noch viel lieber mit all dem Geistigen
Dazu der betörende Duft der Frauen
Und herrje - schon ist's geschehen:
Die Köpfe leer, die Körper heiß
Der Abend gut

Domicile

Im Hintergrund
das Quartett auf der kleinen Bühne
Spielen leidenschaftlich
mit Liebe
zu ihrer Musik im schummrigen Licht
Und mit einer ungebremsten Energie und Begeisterung
Die Luft vibriert aufgeregt
die ganze Atmosphäre erfüllt
vom sinnlichen Feuer der Instrumente

Vor mir ein Glas Rotwein
Ich sitze allein an meinem Platz in der Ecke
Um mich herum voll besetzte Tische
Bin müde von meinem Alltag
Müde und erschöpft
Und gleichzeitig glücklich
Ich fühle mich in diesem Moment
doch tatsächlich unbändig lebendig
Trotz meiner Müdigkeit

Saxophon, Bass, Piano und Schlagzeug
tragen mich davon
Weg von meinem Alltag
Eine kleine Auszeit aus dem Wahnsinn
Der Wein und die Musik schenken mir Leichtigkeit

Zwei Bedienungen
schlängeln sich unaufhörlich
gekonnt diskret zwischen den Tischen
Nehmen vorgebeugt
die Bestellungen der anderen Gäste auf
Die meisten von ihnen
lauschen fasziniert und gebannt dem Jazz
Reden kein Wort
Wahrscheinlich sind auch sie an einem anderen Ort
Ihrer kleinen Oase in ihrem irrwitzigen Alltag
Für diese kurze Weile
Der dunkle schwere Spanier im Glas
verbindet sich gekonnt mit dem langen Solo
der jungen Saxophonistin aus den USA
Gemeinsam begleiten
sie mich hinaus in meine Welt der Träume
Lassen mich
in genau diesem Augenblick
mein Leben lieben
Wahrhaftig und tief
Und schenken mir Versöhnung mit meiner Welt

Ein letzter Schluck von meinem Wein
Ein letzter Ton des Saxophons
Dann Stille

Und ich?
Ich bin glücklich

Bukowski

Was sehe ich
auf dem Bild von dir auf einer Lesung?
Rechts im Bild ein Mikrofon
Links der Hals einer Weinflasche
Dein Kopf groß und zentral im Bild
Trägst deine Lesebrille aus Horn
und blickst nach links
Ernst und abweisend
Ein hartes Gesicht
Mit deutlichen Spuren
eines gnadenlosen Lebens
Einem Leben
wie es nur
den konsequentesten und stärksten Außenseitern
vorbehalten ist
Hart und unerbittlich
Und oft auch grausam
Durch deine Augen sehe ich deine Seele
Sanft und sensibel
Ganz fein
Versteckt und beschützt hinter einer dicken Mauer
Erbaut aus Schmerz
Wut
Trauer und Enttäuschung

Errichtet
um dich
deine Liebe und Seele
vor der Welt da draußen zu schützen
Ich sehe einen Mann
der die Worte braucht
wie ein verzweifelt Ertrinkender
den rettenden Baumstamm
um nicht sang und klanglos unterzugehen
im reißenden Strom seines Lebens

Das Salz der Erde

Für Sebastião Salgado

Die Tränen deiner Linse
fallen auf fruchtbaren Boden
und fangen seine Schönheit ein

Auf unfruchtbaren Boden
geben sie dem Hässlichen Gestalt
und legen seinen inneren Zauber frei

Die Tränen deiner Linse
erschaffen neue Welten
und lassen Vollkommenes entstehen

Yates

Deine Worte
ziehen mich durch meine Augen
direkt in deine Seele
Tauche tief ein
in das schwarze Wasser deines Schmerzes
bis ich
an den hellen Strand
deiner Insel der Worte
gelange
Dort liege ich
auf feinem weißen Strand
und
blicke in den
azurblauen Himmel
deiner
Klarheit

Stille

Früh am Morgen

Das Licht am Himmel
noch zwischen
der diamantschwarzen Dunkelheit
der vergangenen Nacht
und dem freundlichen sommerblauen Strahlen
des neuen heranbrechenden Tages

Meine Füße
durchstreifen auf dem Weg zum See
das satte und noch vom Morgentau nasse Gras
Silberne Kugeln des Taus
kühl zwischen meinen Zehen

Klebriger Sand starr an meinen Füßen

Mit jedem Schritt
ins kühle dunkle Nass
des Sees
legt sich ein fester klammer Griff
um meine Haut

In dem Moment
des Untertauchens
als sich die Wasseroberfläche
leise über meinem Haar schließt
umgibt mich
ein vollkommenes Gefühl
der Leichtigkeit und Geborgenheit

Ich schwebe
sanft nach unten
und bin
frei

Flüchtige Beständigkeit

Du
sitzt mir gegenüber
mit einem Glas Wein
Zwischen uns
eine Wand aus Schweigen
Im Hintergrund
ein verirrtes Klavier
Leise Töne in der Luft
Belanglose Melodien

Auf deinen roten Lippen
ein Lichtreflex
Die dunklen Augen
tief und unergründlich
blicken durch mich hindurch
in das Nichts
Eine Haarsträhne
fällt dir ins Gesicht
streichst sie abwesend
hinters Ohr

Die Zeit
tropft
in zähen langen Fäden
von der hohen Decke
fällt schließlich
auf den Tisch
den Boden
Auf uns
Feuchtkalter Dunst
lässt die Umgebung
um uns verschwimmen

Das Licht um uns beginnt zu schwinden
Vermischt sich
mit den zähen Fäden und dem grauen Dunst
Wir lösen uns nach und nach auf
Unerbittlich
Unaufhaltsam
Verblassen mit dem Licht
in diesem leblosen Gemenge

Zurück
bleibt das Glas Rotwein
Das verirrte Klavier
Und ein paar letzte
vereinsamte unzusammenhängende Töne

Klippenspringer

Ich stieß mich ab
mit weit ausgebreiteten Armen
vom Rand einer hohen Klippe
und tauchte
die Arme kopfüber gestreckt
tief hinab
in das tote Meer deiner schwarzen Tränen
Äonen
später
spie mich
die tosende Brandung
laut brüllend
an den krustigen Strand
deiner fahlen Seele
und ich war
frei

Für einen kurzen Augenblick

Du schaust in den Spiegel
und für einen kurzen Augenblick
blickst du durch deine Augen
in deine Seele
Was du siehst
gefällt dir nicht
Und so schließt du schnell wieder die Fenster
zum Innersten deines Wesens
Manchmal ist es einfach besser
nicht
hinter die Fassade
zu schauen

(K)Ein Abschied

Als ich von deinem Tod erfuhr
empfand ich nichts
als Leere
Und als der Schmerz dann kam
mit voller Wucht und Grausamkeit
zerbrach mein Herz in tausend Stücke
Dabei verstarb auch ein Teil von mir
verschwand mit dir
unwiederbringlich
in ein unbekanntes Irgendwo
Dort lebt er nun mit dir
unerreichbar für mich
Und doch stets lebendig
und präsent in mir

Metamorphose

Das Wort
es fiel ganz nebenbei
traf wie ein Regentropfen
auf die glatte Oberfläche
deiner klaren Seelensee
und schlug dort weite Kreise

Es folgten
weitere Worte
Wort für Wort
und wühlten auf
das ruhige Meer
Die Kreise ineinander drangen
verschwammen
und
das Wasser trübten

Der Schwall der Worte
sich nun
zu einer reißenden Flut
gewaltiger und tödlicher Kraft ausdehnte
die Seelensee ganz aufgerissen
Haushohe Wellen zerschlagen
in einem stürmischen Kampf
wütend
die zarte Hülle feinsten Friedens
bis kein einziger Kreis mehr zu sehen ward

So drang das Gift
nach und nach
in kleinen Mengen
- ganz unaufdringlich -
tief ein
in die offene See
bis hinab in das Innerste des Abgrunds
Dort wirkt es
still und leise nun
trübt so das Wasser
bis es kippt

Zurück bleibt
von da an
ein toter Tümpel
Das Wasser schlammig trüb und brackig
Kein Wort mehr
vermag ihn aufzuwecken
zurückzuführen in das Licht
So kommt der Tod
in frühen Tagen
gesandt von
bösen Zungen

Feuerschwingen

Langsam
wie ein Wolkenband
zieht ein schwarzer Schatten
über zerrissene Landschaften
Hinterlässt im Vorbeiziehen ein
kaltes Dunkel
das alles verschluckt

Zwischen rauem Felsengeröll
das kräftige Blau einer zarten Blüte
blickte eben noch in das helle Leuchten
des gelben Sterns

Dann fegt auch schon
das Flammenmeer stürmisch
mit glutroter Gischt
und dem ohrenbetäubenden Brüllen
des gierig alles verschlingenden Feuers
über die zerrissenen Landschaften hinweg

Zurück bleiben rotglühende Felsen
und dazwischen
ein kleines Häuflein feiner Asche
das vom Winde verweht
in alle Richtungen des Nichts verstreut

Am Ende legt sich
mit dem Erkalten der letzten Glut
über alles
die eisig dunkle Nacht

Rapid Cycler

Für einen alten Freund

Galoppierende Gedanken
reißen inmitten ihrer Kette
springen wild
wie ein junges Fohlen herum
hängen sich an andere
und machen sich dann für immer auf und davon
Geist und Körper
unerträglich
euphorisiert
elektrifiziert
Wild sprühender rotgelber Funkenregen
verbrennt dich einsam mit der Nacht

Zurück bleibt
eine klebrig schwarze Masse
aus
Fleisch und Anima
Gedanken ziehen unter Mühen
und
mit allen Kräften
silbrig schwarze Fäden hinter sich
Erlahmen
fallen zuletzt
kraftlos in sich zusammen

Bilden
einen alles lähmenden
dichten grauschwarzen Nebel
der sich schwer
- einer dicken Decke gleich -
über alles Leben legt
und es erstickt
Der Tod bis zur Auferstehung
ein vollkommenes Nichts
Nicht einmal Leere

Dann
Die ersten Strahlen hellen Lichts
lösen langsam auf das Nichts
Bringen
in vielen kleinen Schritten
das Leben zurück
Am Ende
fehlt nur noch ein winzig kleiner Teil
- mit jedem Mal ein wenig mehr -
Für eine kurze Zeit
blitzt dann das alte Leben
wieder
fragmentarisch auf

Bis sich erneut
wie von Geisterhand ein Schalter umlegt
und die Dämonen
als Boten verkleidet
wieder beginnen
verwirrende Botschaften auszusenden ...

Diese verdammten Götter!

Für den König der Träume

Diese verdammten Götter!
Eines Tages beschlossen sie
dir dein Rückgrat zu brechen
Einfach so
nur um zu sehen, was du daraus machen würdest

Doch deinen aufrechten Gang durchs Leben
konnten sie dir damit nicht nehmen
Deinen Geist
den
ließen sie dir
Ein schwerer Fehler wie sich rausstellte
Denn der ist nach wie vor
sehr wendig und beweglich
Und damit bewegst du mehr als die Meisten
Da staunt so mancher Fußgänger!

Und so verloren diese verdammten Götter
wieder recht schnell
ihr Interesse an dir

Liebestoller Übermut

Mit Dir
möchte ich in den Himmel springen
und dort mit den Sternen ringen
Sie mit unseren wilden Küssen
wieder neu zum Glühen bringen
und zu neuen Orten zwingen
Bis das Himmelszelt
steht
auf dem Kopf
und
wir Beide
müde sind

Spätfrühlingsglück

Hörst Du
die Sinfonien
die uns das Rauschen der Blätter
zärtlich in die Ohren flüstert?
Die Arien
von den Vögeln
mit Leidenschaft
geschmettert?
Hörst du
dabei
mein Herz
vor Glück
zerspringen?

Sommertraum

Ich möchte
ein Sonnenstrahl sein
der sich
auf den unzähligen Wassertropfen
die träge auf deiner Haut liegen
in alle Farben bricht
Dich mit einem bunten Farbband
warm umhüllen
und
zum Leuchten bringen

Dein Lächeln

Für einen Augenblick
steht die Welt still
Mit deinem Lächeln hast du sie
für mich
angehalten
mich gewärmt
meinem Herzen Licht geschenkt
den Weltenlärm
mit deiner Seelenruhe
zum Verstummen gebracht
und
meine Tür
für den Frieden
mit mir und der Welt
geöffnet
Danke Dir

Viele Farben

Kalte blaue Wut
hinter grünen Augen
umrahmt von schwarzen Haaren
angestrahlt von bissig weißen Zähnen
umgeben von Rot glänzenden Lippen
und braunen Sommersprossen
unter weitem violetten Himmel
garniert mit orangen und blauen Tupfern
bei Sonnenuntergang
So bunt
so viele schöne Farben
Zum Träumen schön
tät´s im Moment
nur nicht so weh

Phönix

Verrenkter Flügel
verdrehter Kopf
So fand ich ihn heute Morgen
am Boden liegend
Die Augen gebrochen
fixieren starr
Unendlichkeit
Kein Feuer
keine Asche mehr
Es ist kalt hier
bitter
bitterkalt
Kein Lichtstrahl
vermag mehr
das Herz der Finsternis
zu erhellen

Warum hast du das getan?
Meinen kleinen Feuervogel
getötet?

Warum?

Missgeschick

Neulich bin ich doch glatt
über ein Wort von dir gestolpert
brach mir dabei
fast mein
Zungenbein
und
verhedderte mich
hoffnungslos
in meinem
Netz der Synapsen
Am Ende rappelte ich mich wieder auf
schüttelte verwundert meinen Kopf
klopfte den Staub der Straßen
von meinen Kleidern
und setzte meinen Weg
mit einem großen Fragezeichen
vor Augen
irritiert
fort

Dringliche Suche

Entschuldigen Sie
haben Sie zufällig mein Herz gesehen?
Es muss hier irgendwo zu finden sein
Ich hatte es neulich einer jungen Dame geschenkt
die es dann allerdings schon kurz darauf achtlos auf die
Straße warf
Erschien ihr wohl nicht gut genug

Es ist nicht besonders groß oder schön
hat schon ein paar Narben
schlägt manchmal furchtbar schnell
und gerät schon auch mal aus dem Takt
Haben Sie's gesehen?

Sie müssen wissen: Es fehlt mir so
Ist eigentlich nichts besonderes
Aber
ich häng halt doch sehr an ihm
Ist noch eines vom alten Schlag
und ich
ein hoffnungsloser Romantiker und
unverbesserlicher Träumer
möcht's doch gern wieder zurück haben
damit es schlägt in meiner Brust
und ich auch endlich wieder leb'!
Haben Sie's gesehen?
Mein Herz

(Schwer)Wiegender Verlust

Gestern Nacht
ich weiß es ganz genau
hab ich noch kurz vor Hypnos'
schwerem Kuss
mein Bewusstsein aufgebügelt
und ordentlich in den Schrank gehängt
und dann noch gleich daneben
mein gutes Gewissen
an einem Kleiderbügel dazu gesellt
Nun find' ich sie nicht
Nach schweren
zähen Kämpfen
gelang es mir am frühen Morgen
nur mit Mühen
mich aus Morpheus starker Umarmung
unsanft zu befreien
um mich sogleich
mit ihnen anzukleiden

Doch sind sie weg!
Was mach' ich nur?
Ach egal
Heute leb' ich auch mal
ganz gut ohne sie

Sommer in der Stadt

Es ist heiß in der Stadt
Die sommerschwüle Luft flirrt
brüllend
ohne Unterlass
bis die träge Stille sich in
jedem Schatten versteckt
um wieder etwas abzukühlen

An jeder Oase
eine andere tanzende Fata Morgana
Manche von ihnen ziehen
laut singend und das Tanzbein schwingend
dann auch noch bunt
ganz keck
von Eck zu Eck
als ob's kein Morgen gäbe

Viel nackte Haut
dann noch die Sinne raubt
Der Schwindel von der Lust gepackt
und von der Geilheit wild gemacht
tanzt wie ein Derwisch
durch die erhitzten Straßen
welche einsam der Dinge harren
die da heut noch kommen mögen

Zu guter Letzt finden sich alle
in den Bars
Cafés
Kneipen
oder Biergärten der Stadt
trinken auf den Sommer
und feiern das Leben

Glück II

Samstagmorgen auf der Terrasse
Das quirlige Spiel der Sonnenstrahlen
mit den umherwirbelnden Geißblattblüten
Unschuldig schön

Stehende Ovationen

Stolz steht er
der Baum
einsam im Feld
Seine grünen Blätter
applaudieren begeistert
im Wind

Farbenspiel

Kleine Rosenblüte
an einem kühlen Sommermorgen
Samtrot
den Kopf leicht geneigt
Ein kleiner Tropfen Tau
am Rand eines Blütenblattes
zieht etwas von dem dunklen Rot der Blüte
und dem satten Grün von Stängel und Blatt
in seine Mitte
Der Sonnenstrahl bricht
an der Oberfläche dieses klaren Tropfens
in seine vielen Farben
um sich dann in der Mitte
der kühlen Perle
mit dem dunklen Rot und satten Grün
wild wirbelnd zu vermischen

Noch im freien Fall
verzaubert das prächtige Farbenspiel
und endet abrupt
mit dem fast lautlosen Aufschlagen des Tropfens auf der
Erde
wo er leise
in zahllos
weitere kleine Tröpfchen
zerspringt

Nachmittag im Hinterhof

Sommerrauschen
in den Blättern der großen Kastanie
mischt sich mit Myriaden von
Lichtreflexionen
und dem Leuchten deiner grünen Augen

Tausendundeinmal

>Vergiss mich<
sagtest du
Das hab ich tausend Mal versucht
Nur um mich dann tausendundeinmal wieder an dich
zu erinnern

Tausendundeinmal rissen meine Wunden auf
Tausendundeinmal schmerzte es mich
Tausendundeinmal weinte ich
Tausendundeinmal verzweifelte ich

Dann habe ich vergessen
dich zu vergessen
Jetzt erinnere ich mich
jeden Tag
an dich
und der Schmerz lässt nach

Verblasst

Für Dr. M. B.

Ich habe keine Ahnung
warum du mir gerade jetzt in den Sinn kommst
Dein verschmitztes Schmunzeln
Deine stille Zurückhaltung
Keine großen Worte
aber
ein kluger Geist
mit einem großen Herzen
ganz versteckt

Ich habe keine Ahnung
warum du mir gerade jetzt in den Sinn kommst
Dein Bild ganz klar vor meinen Augen
Genussvoll Pfeife rauchend
vor einem großen
gutgefüllten Bücherregal
Fast nur Fachliteratur
Die Photos von dir und deiner Frau
aufgenommen mit langem Arm
Lange Zeit schon
bevor aus Selbstporträts Selfies wurden
Sie hatten Charme
deine Photographien

Ich habe keine Ahnung
warum du mir gerade jetzt in den Sinn kommst
Wir hatten damals nicht viel gemein
Aber schön dich vor mir zu sehen
Ich hoffe
es geht dir gut

Assoziationen

Feierabend
Jacques Brels >Amsterdam<
aus den Boxen der Stereoanlage
Grauer Anzug
Gestärktes
weißes Hemd
Routinierter Griff in die Hausbar
Cognac
goldbraun im Glas schimmernd
Rote Krawatte
gelockert
Geschlossene Augen
Zufriedene Entspanntheit
Melancholie im Sessel

Zeitsprung

Sie lief im Zugabteil an mir vorbei
hinterließ für einen Moment
zart ihren Duft
an meinem Platz
Riss mich aus dem Augenblick
warf mich in ein warmes Bett neben dich
fünfunddreißig Jahre zuvor

Legenden sterben nie

Am Freitag, 16.08.2019
starb James Dean
Endgültig
Ein für alle Mal
Meine Tochter fragte mich
wer das denn sei
und ob man den kennen müsse
Des Weiteren starben an diesem Tag
Jim Morrison
Marlon Brando
Jimi Hendrix
Kurt Cobain
und …

… ach … es ist zum Heulen
Von wegen:
>Legenden sterben nie<

Spontan verliebt (wieder mal)

Entschuldigen Sie bitte
aber ich bin glaub' ich verliebt
Verliebt in Ihre rechte Augenbraue
da hat sich eben
ein unanständiger Gedanke
von mir
verfangen
Ganz unbedarft
Dürfte ich eben?
Ich zupf' ihn ganz vorsichtig
heraus
Und dürfte ich die Stelle eben noch küssen?
Ganz sanft?
Entschuldigen Sie
aber ich bin so verliebt

Sommerlust

Inmitten satter
weißblonder
sanft in der warmen Sommerbrise
wogender Weizenfelder
küssen deine Lippen
unter dem kühlen Schatten einer Linde
den Saft eines reifen Pfirsichs

Ich hauche einen zarten Kuss
auf deinen weißen
schmalen Hals
berühr' ganz sacht mit meiner Zungenspitze
das feine Rinnsal süßen Nektars
und verschmelz in diesem Augenblick
ganz mit der sinnlichen Lust des Sommers

Bittersüß

Ich blicke auf deinen traurigen Mund

Den Duft von wildem Basilikum
und reifen Tomaten noch in der Nase
den Mund vom bittersüßen Honig der Kastanie verklebt

schließe ich
mit tränengefüllten Augen
die Tür hinter mir

Was die Leute so alles reden

Die Leute sagen immer
>Das Glück liegt auf der Straße<
So ein Blödsinn
Gerade liegt es bei mir im Bett

Mittsommernacht

Du trägst noch immer
den Kranz
den ich dir heute Nachmittag
aus Sonnenstrahlen geflochten habe
Dein langes Haar vor mir auf dem
schwarz glänzenden Gras
fächerartig ausgebreitet
Kühler Silbertau
der das Mondlicht in sich trägt
tropft von deinen
langen schwarzen Wimpern
auf deine Wangen
rollt von dort über dein Kinn
um sich dann in deinem Dekolleté
mit all den anderen Tropfen zu vereinen

An diesem Ort
erleuchten sie
wie reinste Diamanten
mit ihrem Licht
hellweiß
die dunkle Nacht

Der zarte Kuss
den du mir auf die Lippen hauchst
trägt mich hinfort
in andere Welten
Raum und Zeit verblassen
um zuletzt in einem winzig
schwarzen Punkt
sanft zu verlöschen
Mit jedem deiner Atemzüge
fall ich tiefer in dein Herz
ströme von dort
mit jedem Schlag
in deinen ganzen Körper aus

Am frühen Morgen
krönt uns dann
der Kuss des ersten Sonnenstrahls
Mit seinem roten Feuerglühen
schmiedet er unter wildem Funkensturm
das Band unserer Liebe
für die Ewigkeit

Zeitlos

Im Moment
nicht gestern
nicht heute
Im Moment
Alles sein

Werden kommt
Sein verging

Jeder Augenblick ist die Ewigkeit
umfasst alle Zeiten in sich

Dein Pfirsich (Süße Fleischeslust)

Meine Lippen umschließen sachte
seine volle Rundung
während meine Zunge dabei
langsam
tief
genüsslich in sein Innerstes taucht
dabei lustvoll tanzend
seinen süßen Nektar lockt
der mir träge
in sanften Strömen
über Kinn und Hals fließt
sich in schweren Tropfen sammelt
um von dort
nach freiem Fall
am Boden
ekstatisch
in feinste Duftnebel zu zerstäuben

Frei sein

Alle wollen frei sein
Wollen alle frei sein?

Wie viel Freiheit lässt du dir nehmen
um dich noch frei zu fühlen?

Wie viel Freiheit lässt dich noch frei fühlen?

Hast du Angst frei zu sein?

Willst du wirklich frei sein?

Der 5. Apokalyptische Reiter

Mit dem letzten Flügelschlag des Schmetterlings
-es war ein Pfauenauge-
an einem sonnigen Abend im August
irgendwo in der Provinz
begannen die Stürme zu toben
und die Meere das Land zu verschlingen
Mit diesem letzten Flügelschlag
verschwand also unsere Welt
wie von selbst
in sich selbst

Kämpferherz

Das Leben hat seine Geschichte
in dein Gesicht geschrieben
Eine Geschichte geschmiedet
in den heißesten Feuern
tief eingegraben in zahllose
Falten und Linien deiner Haut
Wache Augen blicken stolz
auf dein Leben
lassen dein Kämpferherz erahnen
und machen deutlich
du bereust nichts von dem
was du nicht getan hast
und stehst zu
deinem Leben

Die Lüge

Für einen kurzen Moment
hältst du inne
Dein Blick weicht meinem aus
bevor du knapp an mir vorbei siehst
und dann betreten auf den Boden starrst
unfähig mir in die Augen zu schauen
So drängt sie sich
wie eine unsichtbare Wand
schweigend
zwischen uns
die Lüge
Während wir uns hilflos gegenüber stehen
dröhnt die unerträgliche Stille dieser Lüge
laut in unseren Ohren
und lähmt unsere Herzen
Wortlos
gehen wir auseinander
ohne uns nochmals in die Augen
zu schauen

Herbstzeitlos

Für B.M. - Danke für die Inspiration

Ich hauche zart
einen Kuss
auf das
braun rot grüne Herbstblatt
welches
langsam
sich um sich selbst drehend
herabfällt
und keck auf deiner Schulter
niederlässt
um dir ins Ohr zu flüstern
wie schön du bist

Nächtliche Tränen

Der Mond taucht ein
in das schwarze Meer deiner Tränen
und deine Seele beginnt
zu funkeln
wie ein Diamant

Zu spät

Uns hat nicht die Nacht verbrannt
Es waren die Tage
sinnlos vergeudeter Zeit
die uns zu kalter Asche werden ließen

Philosophisches am Morgen

Einsam
aber nicht allein
oder
allein
aber nicht einsam?
Dann lieber
allein
aber nicht einsam
denn
dann bist du niemals allein
auch wenn du einsam bist

Einsam zweisam

Nachts im Bett
Da liegen sie
Zu zweit
Die Rücken
einander
zugewandt
Die Herzen
voneinander
abgewandt
So schlafen die beiden Lieben
wie jede Nacht
zu zweit
und doch
allein
ganz still im Raum
und leer im Herzen

Die Liebe
schlich sich bereits vor langer Zeit
heimlich
still und leise
aus dem Haus
Zog eines schönen Tages
hinter sich
die Türe einfach zu
Bevor die beiden es bemerkten
vergingen Jahre

Da war's jedoch zu spät
und man entschied
- jeder für sich -
Es lebt sich
auch ohne die Liebe
recht gut

Nur
was die beiden nicht bedachten:
So sterben sie an jedem Tag
statt ihn zu leben
einen
langen
einsamen
Tod

Erinnerungen

Wenn Gedanken eng umschlungen
mit den leisen Melodien
gespielt von einem einsamen Klavier
langsam über das Parkett
der Erinnerungen tanzen
und sich Tränen mit einem Lächeln vereinen
gehen für diesen Moment
Glückseligkeit und Melancholie
Hand in Hand

Zeit verblasst in diesem Tanz
verliert sich mit jeder Bewegung
in den Weiten der Unendlichkeit
bis sie ganz darin erlischt
und der Tanz in der Mitte des Parketts
in stiller Zärtlichkeit
endet

Stegsegler

Früh am Morgen am Yachthafen
Die Sonne versteckt sich
aufgespießt auf einem Segelmast
frech grinsend hinter einem Wolkenband
und verspricht mit einem Augenzwinkern
einen herrlich sonnigen Herbsttag
an der See
Geschäftiges Treiben
auf dem Steg und den Booten
Proviantkarren
vollgepackt bis oben hin
rollen an mir vorbei
werden flink an Bord verladen
und unter Deck verstaut
Die ersten Segelyachten verlassen
mit noch eingeholten Segeln
leise ihre Liegeplätze
machen sich gemächlich auf ihren Weg
in die offene See
Und ich?
Ich sitze mit meiner
frischgebrühten Tasse Kaffee
auf der Dachterrasse des Hausboots
genieße die frühe Yachthafenatmosphäre
still in mich hinein lächelnd
und weiß
dass ich doch nur ein Stegsegler bin

Herbstbild

Gerade scheint an diesem verregneten Herbsttag
die Sonne in mein Arbeitszimmer
und mit ihr
flackert für einen kurzen Moment
ein Bild von meinem Großvater und mir
vor meinen Augen auf
Ganz lebendig und bunt
Wie wir beide an einem bewölkten Tag im Herbst
- die Sonne versteckt sich hinter grauen Wolken
und schaut nur hin und wieder kurz hervor -
durch die abgeernteten Felder spazieren
Mein Großvater hält meine kleine Kinderhand mit seiner
großen warmen Hand
und erzählt mir Geschichten von früher
Einer Zeit
die schon damals weit zurück lag
Seine raue Stimme und sein Lachen
tragen mich
in das ferne Schlesien einer anderen Zeit

Vieles von dem
was er mir erzählt
erscheint mir fremd
Eine Zeit mit Pferdekutschen
ohne Strom
und wenig Geld

Und so viel Glück im Kleinen
Wie kann das sein?
Da bückt er sich mit einem Mal
inmitten seiner lebendigen Erzählungen
hebt einen Apfel auf
holt sein Taschenmesser hervor
schält ihn schweigend und konzentriert
schneidet ihn
und reicht mir mit einem Strahlen in den Augen
einen Schnitz
So viel Liebe in dieser Geste
dass sie bis heute anhält
und mich anrührt
Dank
dir

Adieu

Ich lege die Erinnerung an dich
sachte in meine offene Hand
und lasse sie von dort
langsam auf ein welkes Blatt rutschen
küsse sie ein letztes Mal auf ihre kühle Stirn
bevor ich sie vorsichtig
in ihrem kleinen Boot
auf die sanfte Strömung des Bachlaufs setze
und ihr nachschaue
bis sie sich
im tiefen Herbstnebel
über dem bereits die ersten Sonnenstrahlen tanzen
leise auflöst
ohne sich dabei noch einmal nach mir umzublicken
und mich mit leerem Herzen
allein
zurücklässt

Auf dem Balkon

Heute setze ich mich
mit meiner Einsamkeit
auf den Balkon
Dann sitzen wir nicht so allein
jeder für sich
und blasen Trübsal
sondern sind nun zu zweit einsam
auf dem Balkon
und blasen Trübsal
Jeder für sich
Man kann schließlich nicht zu zweit
an einem Trübsal blasen
Nicht wahr?

So ist es schön
Nun ja
vielleicht nicht schön
Aber schöner
bläst sich das Trübsal nun mal
wenn zwei gemeinsam allein sind
jeder für sich

Wenn Ihr versteht
was ich meine
Ich
jedenfalls
glaube
ich verstehe mich gerade selbst nicht mehr
beende dieses Gedankenspiel
und gehe allein in meine Wohnung zurück
Die Einsamkeit lasse ich hinter mir
auf dem Balkon
Allein

Auf was man so alles für Gedanken kommt
wenn man allein zu zweit ist

Knapp verpasst

Der Gedanke eilt voraus
Ich hinterher

Der Gedanke ist schon da
Ich bin es noch nicht

Jetzt bin ich da
Der Gedanke ist schon wieder weiter

Der Gedanke eilt voraus
Ich hinterher...

Gedankenreisen

Mitternachtsgedankenzug
rattert durch
dunkle Tunnel der Erinnerungen
verliert sich am Ende
im Kreis des Vergessens
um dann dort noch
endlos weiter zu reisen
in zahllosen Gedankenschleifen

Haltlos

Mit deinem letzten Wort
verschwand die Luft
an der ich mich hielt
und ich fiel
ganz tief in meinem Schmerz
hinein
Allein

Die Buche, die Dave Brubeck liebte

Heute saß ich im Schlosspark
auf einer Bank
und hörte Musik
Ließ mir dabei die warme Herbstsonne
auf mein kühles Gesicht scheinen
und meine Gedanken von Dave Brubecks Spiel
mit auf die Reise nehmen
Ich schloss meine Augen
Schnell sprangen meine Phantasien den Zug auf
entschwanden mit ihm auf geisterhaften Schienen
über märchenhafte Pässe
in ferne wundersame Traumgefilde
und ließen mich
mit meinem Alltag
zurück auf meiner Bank

Als ich meine Augen wieder öffnete
sah ich
und ich schwöre euch
das ist wirklich wahr
wie die Buche
mir schräg gegenüber
ihre starken Astarme und den dichten Blätterkopf
im Takt von Dave Brubecks >Take Five< wiegte
hin und her

Fasziniert
ganz in den Bann dieser magischen Szenerie gezogen
begann ich ebenfalls
unwillkürlich
meinen Kopf in diesem Rhythmus
hin und her zu wiegen
Gemeinsam mit der Buche

Am Ende
und hier bin ich mir nicht ganz sicher
zwinkerte sie mir
schmunzelnd
einmal zu
und tat
was alle Buchen im Park so machten
Stand mit geschlossenen Augen
still im Wind
und ließ sich
genussvoll
den Wind
durchs dichte Blattwerk
wehen

Späte Liebe

Das zarte gelbe Blatt am Ast
geküsst vom sanften Wind
lässt los
sich fallen in die herbstwarme Luft
Der Wind
er fängt es sachte auf
trägt das kleine gelbe Blatt behutsam
auf seinen weichen Händen
und setzt es zärtlich
auf dem Boden ab
wo sie
vereint
sich fröhlich necken
und dort
ihr unbeschwertes Spiel
der Liebe
weiter spielen

Blutmond

Blutrot
schwarzgefleckter Vollmond
am nachtschwarzen
sternenlosen Himmel
springt unruhig
auf der Suche nach der Wahrheit
zwischen
fahlweißem Schlossturm und schattendunklem Kirchturm
hilflos
hin und her
bis er schließlich
vor Erschöpfung am Morgenhimmel verblasst

Auch in dieser Nacht fand er
wie zuvor
die erhoffte Antwort
nicht

Auf beiden Seiten

Was trennt die Welt der Lebenden
von der Welt der Toten?
Es ist der Vorhang aus Zeit
der uns trennt
nichts weiter

Kerzenlichtreisen

Heute ist einer dieser Tage
an denen der kalte Regen
in deine Knochen kriecht
und das Grau
deine Seele verdunkelt
Zuhause angekommen
lässt du das Licht aus
zündest eine Kerze auf dem Küchentisch an
Heißer Tee wärmt dir Hände
und Herz
Der Tanz der Flamme
trägt dich langsam
in hellere und wärmere Gefilde
wo du allmählich zur Ruhe kommst
und deinen Frieden findest

Meine Träume

Meine Träume habe ich großzügig verteilt
Ich hab´sie
mit den Bäumen gepflanzt
auf bunten Wiesen und Feldern ausgestreut
in die Wasser der Flüsse gesetzt
auf Berge getragen
mit Ballons noch höher in die Lüfte steigen lassen
So können sie
über die Zeit
in Freiheit
wachsen und ihre Früchte tragen
meine Seele nähren
und die Welt um mich herum
bunt gestalten

Wintervorbote

Kleine Schneeflocke
fällt einsam
und
schwer
vom eisgrau kalten Himmel
bleibt kurz
an einer langen Wimper hängen
bevor
sie sich in einer heißen Träne
auflöst

Hochzeitstanz

Der alte Dichter
tanzt
gekleidet in einem weißen Anzug
mit seiner frisch vermählten Braut
ausgelassen
auf regennassem Asphalt
eines Parkplatzes
Die verzerrt verschwommenen Bilder zu ihren Füßen
spiegeln den Überschwang
zurück in die Welt
verdoppeln das Hochgefühl
dieses einen Moments
Er ist glücklich
Zumindest heute

Schruns

Ein kleiner Ort im Montafon
Einst auch sehr von Hemingway geschätzt
Er wusste schon in jungen Jahren
sein Leben gut zu leben
Auch dort
Skifahren
Wandern
Kartenspielen
Zechen
und nicht zu vergessen
das gute Essen
Er schätzte aber auch
die Menschen hier
die einzigartige Landschaft
und ganz besonders das Bergpanorama

Hier
im Montafon
fühlte er sich
unbekümmert
glücklich
und frei
Und dies blieb ihm bis zum Schluss
Das Lebensgefühl von
Freiheit

Alles grau?

Grauer Himmel
Keine Wolke zu sehen
alles grau
So grau
Es regnet Bindfäden
Kalter Oktoberregen

Mir egal
Ich sitze in meinem Arbeitszimmer
blicke aus dem Fenster
statt zu schreiben
Ganz verzaubert vom
tränenreichen Abschied des Sommers
der sich nun
endgültig
von diesem Jahr und von uns
leise zurückzieht
Adieu
und
à bientôt
Bis zum nächsten Jahr!

Alles grau
so grau
Wirklich?
Mit einem Mal
sehe ich im Regen
Bäume in ihrer Farbenpracht
bunt in Flammen stehen
In den Regentropfen
sehe ich
- und das ist wahr -
bunte Regenbogen schillern

Wo zu Beginn
das Grau
noch alles überdeckte
tritt es nun in den Hintergrund
und lässt
milde lächelnd
den Farben
ihren Vortritt

Indian Summer

September ´99
Roadtrip
an der Ostküste der USA
New York
Massachusetts
New Hampshire
Maine
über Vermont
zurück
nach New York

Sich inmitten
des gewaltigen Farbenmeers
bunter Herbstblätter
der endlos erscheinenden Wälder
an der Ostküste
langsam
von Jim Morrisons >Indian Summer<
forttragen lassen

Liebe
und
Friede
seiner Zeit
überall

Abgefahren

Das große Schweigen

Irgendwann
kam er nicht mehr allein
nach Haus
brachte stets
das Schweigen mit
Abends machte es sich
zwischen ihm und seiner Frau
breit
drängte sich
in ihre Mitte
schob die beiden
auf ihrer Couch
langsam
unaufhaltsam
immer weiter auseinander

Zunächst von beiden gänzlich unbemerkt
später von beiden resignierend ignoriert

Mit den Jahren
wurde es immer
größer und schwerer
- das Schweigen -
so dass die Drei
schließlich
zusammen keinen Platz mehr
auf der kleinen Couch
vor ihrem Fernseher fanden
woraufhin sich
der Mann und seine Frau
weit voneinander entfernt
auseinander setzten
Jeder für sich
still
in seiner Ecke

Das Schweigen füllte
mittlerweile
den ganzen Raum
mit seiner
niederdrückend lähmenden
Gegenwart

Verbrauchte
neben dem
überlebensnotwendigen
Sauerstoff
auch das letzte bisschen
Toleranz
das es bedarf
um es überhaupt noch
miteinander
auszuhalten

Am Ende füllte
das große Schweigen
die ganze Wohnung
mit seiner
schweren Masse
und drängte den Mann
mit beiden Händen
ohne große Worte
und ganz behände
unmissverständlich
aus dem ehemals
gemeinsamen
Zuhause

Zurück blieb
die Frau
mit dem
großen Schweigen
In der Wohnung

Für sie hatte sich nichts verändert
Das Früher vergessen
Ob sie es bemerkte?

Vergeudete Leben

Leere Worte
gesprochen
von lahmen Zungen
treffen auf
taube Ohren

Herz
und
Verstand
bleiben unerreicht

Unerfüllt
das Leben

Was für eine Verschwendung

Rendez-Vous am Meer

Früh am Morgen
Mond und Sonne
verabredet
auf ein gemeinsames Bad
im Meer
Behutsam
ganz auf den anderen
bedacht
nähern sie sich
vor Erregung
zitternd
einander an
Mit ihrem
ersten Kuss
verabreden
sie sich
erneut
für den
nächsten Tag

Himmel über der Marina

Der Himmel
aufgepiekst
an einem langen Mast
Jetzt hat er einen Riss
in seinem Grau
Dahinter das Blau
das sich
mühsam
für die Sonne
aus dem Riss
immer weiter
vorkämpft

Club 27

Brennende Seelen
suchten das Leben
Verglühten
kometengleich
in der
Nacht
ihrer
grellen Suche
zu kalter Asche

Narbenherz

Dunkle Stunden
füllen
mit ihren kalten Tränen
schwarz
mein altes Narbenherz
Machen jeden Herzschlag
schwer und dumpf
in meiner Brust

Doch
durch die vielen
großen und kleinen Narben
auf meinem Herzen
dringen
mit der Zeit
kraftvoll
Sonnenstrahlen
bringen Licht und Wärme
in sein Innerstes

Verdrängen von dort
nach und nach
Dunkelheit und Kälte
aus meinem Herzen
Lassen wieder
jeden Herzschlag
leicht und hell
in meiner Brust
erklingen

Genau aus diesem Grund
möchte ich
keine einzige
dieser Narben
auf meinem Herzen
missen
Sind sie doch
nun ein Fenster
für Wärme und Licht
in meinem
alten
Narbenherz

>Mistral gagnant<

Die kleine Flamme
der abgebrannten Kerze
tanzt
in der Mitte des Tisches
traurig
vor meinen Augen
zum melancholischen Klavierspiel
des französischen Chansons
der im Hintergrund
leise
aus den Lautsprechern
erklingt
Die Kerze
weint still um
ihre Vergänglichkeit
und die der Zeit

Wachstränen
tropfen und fließen
langsam auf
den Untersetzer des Kerzenhalters
bevor sie
ganz am Ende
flackernd
mit einem leisen Zischen
endgültig erlischt
und ihre Seele
im schwarzen Rauch
kräuselnd
zur Decke
empor steigt

Nachmittagsträumereien

Gedanken hängen sich an Melodien
werden nach und nach
zu Bildern
mal verschwommen
mal schmerzhaft scharf
Treiben mit ihr
im Fluss der alten Filme
welche
von einem angestaubten Filmprojektor
flackernd und flimmernd
auf die große weiße Leinwand
in meinem Kopf
geworfen werden

Springen dann zuletzt noch
wie so oft
Gefühle auf
im Bilderstrom
verliere ich mich
mit den Liedern
aus vergangenen Zeiten
im Strudel
längst vergessener
Erinnerungen

Auf Reisen

Manchmal
steigst du in einen Zug
und fährst
deiner eigenen Geschichte
hinterher
Noch im Zug
lange bevor du ankommst
fragst du dich
ob die Geschichte
mit der Ankunft
endet
oder
fortgesetzt
wird

Wunder am Morgen

Morgenkalte Tautropfen
aufgefädelt wie Perlen
an silbernen Schnüren
gespannt zwischen
den Halmen sattgrüner Gräser
am Rande des kleinen Gartens
beginnen mit den ersten
goldgelben Sonnenstrahlen
und den morgendlichen Weckgesängen
der Amseln und Meisen
zu erzittern
Zunächst ganz sanft und kaum zu sehen
um dann auch schon nach kurzer Zeit
heftig zitternd in Schwingung zu geraten

Bald darauf fallen sie
- einer nach dem anderen -
in schweren Tropfen
von ihrem gespannten Faden
träge ab
landen im tiefen Gras
wo sie von der Erde
im Kreislauf des Lebens
freudig
empfangen werden

Foto: Micha Korb

Paul Hammer, Jahrgang 1969, arbeitet hauptberuflich in der ambulanten neuropsychologischen Rehabilitation. Beruflich und privat bedingt, hat er zwei Lebensschwerpunkte: im Südwesten Deutschlands und im Nordwesten der Republik. Mit der gleichen Begeisterung und Hingabe wie für seine Arbeit, lebt er für die Literatur. Er liest sich leidenschaftlich durch die Welt der Bücher und schreibt Gedichte. Erst kürzlich hat er ein Theaterstück geschrieben.

Für ihn und sein Leben steht - frei nach Loriot – fest:
Ein Leben ohne Kunst ist möglich – aber sinnlos.

Inhalt